LA COMÈTE,

FOLIE-VAUDEVILLE EN UN ACTE,

PAR M. HENRY SIMON;

Représentée, pour la première fois à Paris, sur le théâtre des Variétés, boulevart Montmartre, le 12 Octobre 1811.

Prix, 1 *fr*. 25 *centimes*.

PARIS,

Chez Madame MASSON, Libraire, Editeur de Musique et de Pièces de Théâtre, rue de l'Echelle, n.° 10, au coin de celle S. Honoré.

IMPRIMERIE DE J. B. SAJOU, RUE DE LA HARPE, n.° 11.

1811.

PERSONNAGES.

M. TÉLESCOP, astrologue.	M. *Potier.*
BOUCHÉ, médecin.	M. *Blondin.*
Mme MARTIN, aubergiste.	Mme *Vautrin.*
DENISE, nièce de M. Bouché.	Mlle *Konisberg.*
PAUL, neveu de Mme Martin.	M. *Péroud.*
L'ÉTOILE, valet de Télescop.	M. *Odry.*
NICOLAS, paysan.	M. *Fleury.*
LUCAS, paysan.	M. *Bequet.*
PAYSANS ET PAYSANNES.	

La Scène se passe dans un village. A droite du spectateur est la maison de M. Bouché; à gauche, celle de Madame Martin, et dans le fond, celle de M. Télescop. Au lever de la toile, tous les paysans sont occupés à lorgner la Comète avec de longues vues.

Nota. La Partition se trouve chez M. *Gilbert*, chef d'orchestre des Variétés, rue de la Vrillière, n.° 4.

LA COMÈTE.

SCÈNE I.

M.me MARTIN, L'ETOILE, NICOLAS, LUCAS, DENISE, Paysans et Paysannes, *et ensuite* TÉLESCOP *à sa fenêtre.*

CHOEUR.

Air : *Dérouillons.*

Nettoyons, nettoyons, nos lorgnettes;
Nettoyons, nettoyons, et lorgnons.

NICOLAS.

Ma foi grâce à ces planettes,
Que chacun veut voir en grand,
Le commerce des lunettes
Va devenir très-conséquent.

CHOEUR.

Nettoyons, etc.

L'ETOILE.

Ah! pour rendre la vu' nette,
Le coup-d'œil prompt, sûr et fin,
Amis, un verre à lunette
Ne peut valoir un verr' de vin.

Nettoyons, etc.

NICOLAS.

Allons, en place, Mesdames.

(*Tout le monde se range*).

NICOLAS *après avoir regardé.*

Air : *Savez-vous l'astrologie.*

Aperçois-tu la Comète?

PAYSANS.

Qui, moi? non; ni moi, ni moi.

L'Etoile.

Attends... j' la tiens; non, ma foi.

Nicolas.

Elle m'échap' comme à toi.

Lucas.

Prête-moi donc ta lorgnette.

Paysans.

Non, à moi, à moi, à moi.

Nicolas.

Je n' la vois pas plus que toi.

L'Etoile.

All' s' moque de nous, je le croi.

M.me Martin.

Du moment qu'on ne la voit pas, c'est un bien mauvais signe.

L'Etoile.

Quand je vous disais qu'il y avait relâche pour ce soir.

M.me Martin.

Ne plaisantez donc pas comme ça, M. l'Etoile.

L'Etoile.

Il ferait beau voir que le valet d'un astrologue eût peur de la Comète.

M.me Martin.

Air *de l'Enfantine.*

Rien n'est égal aux frayeurs
Que me cause votre planète;
Depuis hier la Comète
A produit de grands malheurs.
De la nuit je n'ai dormi.

une Voisine.

Moi, j'ai brûlé mon rôti.

M.me Martin.

Elle rend pâle et blême.

une Voisine.

Elle a fait tourner ma crême.

M.me MARTIN.

Mon petit chien s'est perdu.

UNE VOISINE.

Et mon époux est revenu.

ENSEMBLE.

Rien n'est égal, etc.

L'ETOILE.

Bah! Pour un qui s'en plaint, il y en a dix qui s'en louent.

M.me MARTIN.

Vous osez soutenir qu'une Comète peut faire du bien.

L'ETOILE.

Et je le prouve.

Air : *Femmes voulez-vous éprouver.*

Pour l'apercevoir mieux à point,
Chacun en ces lieux se promène;
Les cabarets n' désempliss't point
Depuis qu'on voit ce phénomène.

DENISE.

Nos mamans négligent leurs soins.

NICOLAS.

J' voyons nos belles en cachette.

UNE VOISINE.

Nos maris dorment beaucoup moins.

TOUS.

Rendons-en grâce à la Comète.

L'ETOILE.

Vous voyez bien qu'il n'y a pas de quoi s'effrayer.

NICOLAS.

Ah! malgré cela, quand j' dis, c'est tout de même joliment dangereux.

M.me MARTIN.

Là, vous voyez bien, voilà déja quelqu'un qui en a vu une.

NICOLAS.

Non, pas moi; mais mon grand-père.

M.me MARTIN.

C'est toujours de la famille.... Ah! votre grand-père en a vu une?

NICOLAS.

C'est-à-dire, que dans sa jeunesse il a connu un de ses amis qui avait manqué d'en voir une un jour... Elle aurait bouleversé tout l'univers si elle eût tombé, mais elle ne tomba pas.

M.me MARTIN.

Voyez pourtant comme c'est désagréable quand ça tombe.

LUCAS *regardant.*

Attendez donc, attendez donc, il me semble que je crois la voir... Non! c'est la grande ourse.

TÉLESCOP *paraissant au balcon.*

Qu'est-ce qui parle de la grande ourse? On chasse sur mes terres, à ce que je présume.

L'ETOILE.

Laissez donc, la grande ourse; c'est le grand chien.

TÉLESCOP.

C'est vrai, c'est le grand chien qui paraît. Voilà mon domestique qui me fait honneur.

M.me MARTIN.

Vous connaissez donc ça, vous?

L'ETOILE.

Tiens, si je voulais, je serais aussi savant que mon maître.

TÉLESCOP.

Oui, mais il n'est qu'une bête.

NICOLAS.

C'est égal, vous êtes bien comme ça, M. l'Etoile.

L'ETOILE.

Oh! je ne me changerais pas pour M. Télescop.

TÉLESCOP.

L'impertinent!

NICOLAS.

C'est bien dit.

L'ETOILE.

Un homme qui me doit une année de mes gages.

DENISE.

Qui doit à mon oncle, le médecin, une maladie de trois mois.

M.me MARTIN.

Qui ne veut pas me payer mes mémoires.

TÉLESCOP.

Je le crois bien, une aubergiste qui fait des mémoires d'apothicaire.

DENISE.

Un vieux fou qui me faisait la cour.

L'ETOILE.

Il l'a fait à toutes les filles du village.

M.me MARTIN.

Et toutes l'ont refusé.

TÉLESCOP.

Par esprit de corps.

L'ETOILE.

C'est un avare.

M.me MARTIN.

Un mauvais payeur.

NICOLAS.

Un imbécille.

L'ETOILE.

Imbécille soit : mais c'est un savant.

M.me MARTIN.

Un savant, lui?

L'ETOILE.

Oh! je vous en réponds; et quand il vous a dit que la Comète serait invisible toute la journée, c'est que c'est sûr.

TÉLESCOP.

Je suis vraiment enchanté d'avoir pris l'air... J'ai entendu de belles paroles... Ah! je vous revaudrai cela, et quoique je ne sois pas médecin, je réponds qu'avant un quart-d'heure, j'aurai donné la fièvre à bien du monde.

NICOLAS.

En ce cas, puisqu'on ne voit rien, mes enfans laissons le champ libre aux curieux.

DENISE *à part.*

A merveille.

NICOLAS.

Air *des amours d'été.*

Amis, il paraît certain
Que la Comète
Qu'on guette.
A pris un autre chemin,
Et qu' nous l'attendons en vain.
Faisons comme elle et soudain
Regagnons not' maisonnette,
Puis nous reviendrons demain
Nos lunettes à la main.

M.me MARTIN.

Moi j'irai voir
L'astrologue dès ce soir.

LUCAS.

Bras d'ssus, bras d'ssous,
Au cabaret rendons-nous.

NICOLAS.

Nous cherchons
Nos tendrons.

DENISE.

Attendons Paul en cachette.

NICOLAS.

C'te Comète a ben l'air
D' mettr' tout l' village en l'air.

(*Tous les Paysans sortent*).

SCÈNE II.

DENISE *seule.*

Ils sont partis, et Paul ne peut pas tarder.

Air *du Curé de Pomponne.*

Tandis qu' la foul' des curieux
Court après la Comète,
Paul et moi, venons en ces lieux
Babiller en cachette.
Personne ne peut de nos feux
Découvrir le mystère;
Tandis qu'on a les yeux
Dans les cieux,
On ne voit rien sur terre.

Oui, mais la Comète ne sera pas assez aimable pour durer toujours, et la haine de nos parens subsistera encore longtemps après qu'elle ne paraîtra plus... Comment ferons-nous? Paul est un bien aimable garçon; mais on dirait en vérité qu'il n'ose rien tenter pour hâter notre mariage.

Air *du pas redoublé.*

Me posséder est le seul bien
Que désire son ame,
Et cependant il ne fait rien
Pour que je sois sa femme.
D'un nœud qui doit toujours durer
Ma tendresse est jalouse;
C' n'est pas assez de m'adorer...
Il faut que l'on m'épouse.

Et j'espère bien que M. Paul finira par là!

SCÈNE III.

DENISE, PAUL.

PAUL.

Ma chère Denise, te voilà, je viens de voir ton oncle entrer chez un malade qu'il espère guérir; il ne reviendra pas de sitôt.

DENISE.

Ta tante est à faire sa toilette, elle n'aura pas fini de longtemps.

PAUL.

Tout le monde est à se promener, à regarder la Comète, ainsi nous pouvons causer.

DENISE.

Causer, causer, eh! bien, causons de notre mariage.

PAUL.

Volontiers; tu sais bien que nos parens s'y opposent.

DENISE.

Ils s'y opposeront toujours, si tu ne cherches pas à les raccommoder.

PAUL.

C'est bien difficile, ils sont si vieux.

Air : *Il est un Dieu pour les buveurs.*

L'humeur que montre nos parens
A leur âge est assez commune;
Une femme de quarante ans
A terriblement de rancune.
Jeun's, pour se reconcilier,
On a trente raisons pour une;
Mais dans la vieillesse importune,
On n'en a que pour se brouiller.

DENISE.

Mais, songes donc qu'une fois la Comète passée, nous ne pourrons plus nous voir aussi facilement.

PAUL.

Elle n'est pas près de disparaître.

DENISE.

Qui te l'a dit?

PAUL.

Tout le monde, et M. Télescop lui-même, qui prétend que cette Comète-là fera des choses extraordinaires.

DENISE.

Si elle pouvait nous marier.

PAUL.

Des choses qui ne se sont jamais vues.

DENISE.

Dam, c'est bien ça.

PAUL.

Que nous sommes menacés d'un grand malheur.

DENISE.

Ah! mon Dieu, nous ne nous marierons pas.

PAUL.

D'un malheur dont personne ne reviendra.

DENISE.

Ah! il a lu tout cela dans la Comète.

PAUL.

Mon Dieu oui.

DENISE.

Il falloit donc de ton côté tâcher d'y lire autre chose.

PAUL.

Y penses-tu?

Air *de Colalto.*

N'allons point chercher dans les Cieux
Les secrets de l'astrologie.
Je trouve le Ciel dans tes yeux,
Je lis dans tes regards les beaux jours de ma vie.
Pour qu'à jamais notre avenir
Coule sans nuage et sans voile,
Ayons toujours le désir pour étoile,
Pour satellite le plaisir.

DENISE.

Tout cela est fort aisé à dire; mais à quand notre mariage?

PAUL.

Attends encore un peu.

DENISE.

Depuis que vous me faites attendre, il y a longtemps que nous devrions être mariés.

PAUL.

Ma chère Denise...

DENISE.

Ecoutez, vous dites que vous m'aimez; eh! bien, si vous voulez que je vous croye, il faut que vous fassiez consentir nos parens à notre mariage.

PAUL.

Sois sûre que...

DENISE.

Et songèz que je ne vous donne que deux jours pour cela.

PAUL.

Que deux jours!

DENISE.

Oui, Monsieur, je vous donne deux jours pour m'épouser, et j'espère que c'est bien assez.

PAUL.

Air : *Cueillons ces cerises nouvelles.*

Attends, attends un moment favorable
Pour décider ton oncle à cet hymen;
Qu'un seul instant il devienne traitable,
Et sur le champ je demande ta main.

DENISE.

Pierr', qui fait la cour à Claudine,
L'épousa dans l' milieu du mois.
A mon âg' la fille à Justine
Etait déja veuve deux fois.
Moins que moi Lucette est gentille,
Ell' fut mariée à quinze ans :
Serais-je donc la seule fille
Qu'on n'épousât qu'avec le temps.

Choisis, choisis un instant favorable
Pour décider mon oncle à cet hymen;
Tu le sais bien il est toujours traitable;
Va sur le champ lui demander ma main.

PAUL.

Eh! bien, ma chère Denise, sois tranquille, à mon retour...

DENISE.

Comment, tu pars?

PAUL.

Oui, mais je reviendrai bientôt.

DENISE *piquée.*

Ah! prends-y garde, mon ami, les absens ont tort, en amour, surtout.

Air : *Traitant l'Amour sans pitié.*

Légère comme un zéphir,
Plus inconstante que l'onde;
D'une impression profonde,
Femme sait se garantir.
Celui qui par sa tendresse,
Veut la captiver sans cesse,
Aux regards de sa maîtresse,
Doit s'offrir à chaque instant.
Car son cœur est une glace,
Qui jamais ne lui retrace
Les traits d'un objet absent.

PAUL *résolu.*

Ah! je verrai nos parens, je les presserai, les solliciterai, et, s'ils me refusent, sois tranquille, je leur parlerai d'un ton qui les étonnera.

DENISE.

A la bonne heure.

PAUL.

Ah! mon Dieu, voici ma tante.

DENISE.

Ah! tant mieux, tu vas lui parler.

PAUL.

Non, non, ce n'est pas le moment.

(Il se sauve dans un coin).

SCÈNE IV.

Les Précédens, Bouché, M.me Martin.

M.me Martin *à la cantonade.*

Jacques, n'oubliez pas le soupé, je rentre dans l'instant.

Bouché *à lui-même.*

Encore un d'expédié. Je l'avais bien dit du moment qu'on m'a appelé.

M.me Martin *de même.*

Arrangez le poulet.

Bouché *idem.*

C'est un homme mort.

M.me Martin.

Qu'on le mette à la broche.

Denise *à Paul.*

Ne pas oser parler, et dire que vous m'aimez.

Paul.

Si je vous aime...

M.me Martin.

Avec une barde de lard.

Bouché.

Autant nous en pend à l'oreille.

M.me Martin *apercevant les jeunes gens.*

Que vois-je?

Bouché.

Qu'est-ce à dire?

M.me Martin.

Mon neveu.

BOUCHÉ.

Ma nièce.

Air *de Gilles en deuil.*

ENSEMBLE.

A mes ordres loin de souscrire,
Vous sortez à chaque moment;
Mais qu'avez-vous donc à vous dire,
Pour être ensemble aussi souvent?

BOUCHÉ.

Expliquez-vous sans plus attendre.

M.me MARTIN.

De parler faites-nous l'honneur.

DENISE.

Mon...

BOUCHÉ.

Paix! je ne veux rien entendre.

PAUL.

Ma...

M.me MARTIN.

Taisez-vous, insign' menteur!...

ENSEMBLE.

A mes ordres, etc.

DENISE.

Mon cher oncle.

BOUCHÉ.

Paix, vous dis-je.

PAUL.

Ma chère tante.

M.me MARTIN.

Silence! Je vous avais défendu d'avoir la moindre relation avec un homme qui fut jadis mon ami.... Mais....

BOUCHÉ.

Je vous avais dit de fuir le neveu d'une femme que j'aimai autrefois... Mais...

M.me MARTIN.

La nièce d'un médecin, n'est-ce pas une future bien soignée.

BOUCHÉ.

Le neveu d'une aubergiste, n'est-ce pas un parti bien appétissant.

M.me MARTIN.

Une aubergiste comme moi nourrit plus de monde que vous n'en mettez en terre.

BOUCHÉ.

Ça n'est pas vrai, morbleu, et j'enterrerai tout le village avant que de consentir à cette alliance.

DENISE *à Paul.*

Tu vois bien qu'il y a de l'espoir.

M.me MARTIN.

Je nourrirai tous les voyageurs gratis, plutôt que d'approuver leur union.

PAUL *à Denise.*

Tu vois bien qu'il n'y en a pas.

BOUCHÉ ET M.me MARTIN.

Air : *Prends bien vîte ce paquet.*

Rentrez vîte à la maison,
Puisque l'amour si fort vous presse.
Pour vous plaire n'est-il donc
D'autres {belles / garçons} dans ce canton.

BOUCHÉ.

J'empêch'rai morbleu
Que votre neveu
Ne coure après ma nièce.

M.me MARTIN.

Votre nièc' voisin,
Soyez en certain,
Fait la moitié du ch'min.

ENSEMBLE.

Rentrez vîte, etc.

(*Les enfans rentrent chacun chez eux*).

SCÈNE V.

BOUCHÉ, M.me MARTIN, TÉLESCOP. *Il porte une sphère sous le bras, et a ses poches remplies de lunettes.*

TÉLESCOP.

Eh! bien, voisin, qu'est-ce que c'est donc que cela? Vous disputez avec Madame Martin, la femme la plus aimable du département de l'Ile et Vilaine.

M.me MARTIN.

C'est Monsieur mon neveu qui s'est amouraché de la nièce du médecin Bouché!

BOUCHÉ.

Et ma nièce, qui s'avise de répondre à la tendresse de M. Paul.

TÉLESCOP.

Et vous ne voulez pas encore faire de votre nièce une femme de ménage.

BOUCHÉ.

Non certes.

TÉLESCOP.

Vous ne voulez pas sacrifier votre neveu.

M.me MARTIN.

Non sans doute.

TÉLESCOP.

Eh! bien, vous avez raison, ce n'est pas la peine de les marier pour si peu de temps.

M.me MARTIN.

Pour si peu de temps; qu'est-ce que vous dites donc? est-ce qu'à leur âge ils ne peuvent pas rester ensemble quarante ou cinquante ans.

TÉLESCOP.

Quarante ou cinquante ans, comme vous y allez; on voit bien que vous êtes riches, ça ne vous coûte rien les années... Mes bons amis, je suis fâché de vous le dire, mais il y a un grand dérangement dans le monde.

M.me MARTIN.

Vous croyez ça?

TÉLESCOP.

Si je le crois; le moyen d'en douter, quand j'ai la Terre sous le bras et le Ciel dans ma poche.

BOUCHÉ.

Effectivement, cela doit faire un grand dérangement.

TÉLESCOP.

Je vous le demande; la Terre est en haut et le Ciel en bas, ce n'est pas le moyen de s'entendre.

BOUCHÉ.

Ni de se rencontrer.

TÉLESCOP.

C'est parfaitement juste, ce que vous dites là, M. Bouché; est-ce que vous avez étudié l'astronomie?

BOUCHÉ.

Du tout.

TÉLESCOP.

Pardon, je l'aurais cru; vous en parlez avec une certaine manière... Je me flattais d'avoir trouvé mon second.

BOUCHÉ.

C'est trop d'honneur.

TÉLESCOP.

Non, non, c'est la vérité, je m'en flattais.

BOUCHÉ.

Egaler un savant comme vous.

M.me MARTIN.

Un génie comme M. Télescop.

TÉLESCOP.

Non, non, je ne m'en fais pas accroire; je ne suis certainement pas un génie; je ne suis pas non plus une bête... Je suis entre deux.

BOUCHÉ.

Entre deux; ah! vous êtes trop modeste.

M.me MARTIN.

Eh! bien, mon cher M. Télescop, que dites-vous de la Comète?

TÉLESCOP.

Je dis, Madame, qu'en regardant avec beaucoup d'attention, on la voit très-bien, c'est mon avis.

BOUCHÉ.

Mais, c'est assez le mien aussi.

TÉLESCOP.

N'est-ce pas, c'est évident! Mais je crains bien que dans quelques heures on ne la voie plus.

M.me MARTIN.

Comment! est-ce qu'elle disparaîtrait bientôt.

TÉLESCOP.

Elle ou nous.

TOUS.

Nous! O Ciel!

TÉLESCOP.

Air : *Ça n' dur'ra pas toujours.*

De la machine ronde,
Fixant déja le cours,
Celui qui fit le monde
Dit, au bout de sept jours :
Ça n' dur'ra pas toujours. (*ter*).

Aussi, depuis ce temps-là, rien ne dure.

BOUCHÉ.

Ah! ça, mais, c'est une plaisanterie, M. Télescop, que votre prédiction!

TÉLESCOP.

Je ne plaisante jamais.

BOUCHÉ.

Que Diable! la fin du monde! En ma qualité de médecin, je devrais en savoir quelque chose.

TÉLESCOP.

Je ne sais pas si vous le savez, mais c'est comme j'ai l'honneur de vous le dire. Il est prouvé que dans ce moment, la Comète n'est plus qu'à une trentaine de million de lieues de la Terre.

M.me MARTIN.

Oh! nous avons le temps de la voir venir.

TÉLESCOP.

Pas trop. C'est que quand ça descend du Ciel, ça va un train d'Enfer, et il ne lui faut pas plus de vingt-quatre heures pour être sur le clocher de la paroisse, avec ça qu'il fait du vent, et que ça la pousse.

BOUCHÉ.

Vrai?

M.me MARTIN.

Vous me faites peur!

TÉLESCOP.

C'est bien naturel.

BOUCHÉ.

Effectivement, j'ai entendu parler du danger des Comètes.

TÉLESCOP.

Si M. Bouché veut profiter du petit moment de tranquillité qui lui reste pour faire le mémoire de ses visites..

BOUCHÉ *effrayé.*

C'est bien là le moment.

TÉLESCOP.

Si Madame Martin veut être remboursée...

Mme MARTIN *effrayée.*

Il est bien temps, à la veille d'un malheur si grand.

TÉLESCOP *à part.*

Non, je dis, ils n'ont pas la fièvre; non, c'est la Comète... qui la leur donne.

Mme MARTIN.

Comment! le monde finirait!

BOUCHÉ.

Ma foi, voisine, cela se pourrait bien.

TÉLESCOP.

Mais, c'est tout simple, il a commencé, il faut bien qu'il finisse.

Mme MARTIN.

Ah! mon Dieu! mon Dieu! qui m'aurait dit cela ce matin?

BOUCHÉ.

Mes pauvres malades! ils vont mourir sans moi!

TÉLESCOP.

Une fois n'est pas coutume.

Mme MARTIN.

Air : *Bonsoir la compagnie.*

Un pareil accident
Me f'ra fair' une maladie.
Déja la peur m'en prend!

BOUCHÉ.

Déja je suis je n' sais comment.

Mme MARTIN.

Mourir à quarante ans!

BOUCHÉ.

A peine en mon printemps!

TÉLESCOP.

Bonsoir la compagnie.
Votre vie
Est finie,
Bonsoir, jusqu'au revoir,
Jusqu'au revoir, bonsoir.

(*Ils sortent*).

SCÈNE VI.

TÉLESCOP *seul.*

J'espère qu'en voilà deux qui sont déja à moitié morts, et qui ne se raccommoderont pas de sitôt. Par ce moyen, le mariage de Denise est rompu.... Il faut convenir aussi que ce village est rempli d'imbécilles; c'est une remarque que je fais depuis que j'y suis; vraiment, il n'y a que de cela; enfin, un médecin, un homme honnête; une aubergiste, une femme recommandable, s'imaginent que le monde va finir. Ah! qu'ils sont drôles!.... Ils sont vraiment précieux!... Ils sont si bornés, ces gens-là. Je suis sûr qu'ils ne savent pas avec quoi l'on fait des Comètes... Non-seulement ils ne le savent pas, mais ils ne s'en doutent même pas; s'ils le savaient, ils n'en auraient pas peur. Ils sont loin de s'imaginer, ainsi que nous l'avons remarqué, nous autres savans, qu'une Comète est un amas d'étoiles;... c'est-à-dire : c'est un dépôt de vieilles étoiles dont on ne sait plus que faire, et que, lorsqu'elles filent, les unes d'un côté, les autres de l'autre, vont toutes se réunir ensemble, et forment ce que nous appelons une Comète. (*il démontre avec ses mains l'effet de la gravitation des étoiles, et s'embrouille*) Voilà, je crois, sauf meilleur avis, la définition la plus exacte que l'on puisse donner de la Comète. Ils seront bien attrapés demain, quand ils verront que je suis parti, et qu'ils ne sont pas morts! La drôle de figure qu'ils feront! Ah! ces Messieurs se moquent de moi.... Chacun son tour.... Ah! je suis un avare, un vieux fou, un mauvais payeur, un imbécille; allez, allez, cet imbécille-là vous en fera voir d'autres.

SCÈNE VII.

TÉLESCOP, L'ETOILE.

L'ETOILE.

Comment, Monsieur, ce que je viens d'apprendre est-il vrai?

TÉLESCOP.

Comment, si c'est vrai, est-ce que je mens ordinairement?

L'ETOILE.

Je ne dis pas cela; mais vous m'avez tant prédit de choses qui ne me sont jamais arrivées.

TÉLESCOP.

Est-ce ma faute? Je t'ai prédit que tu aurais des enfans, et tu ne t'es jamais marié. Je t'ai prédit que tu hériterais d'une fortune immense, et tu n'as pas de parens; que veux-tu que j'y fasse? Cherche des parens, et il est possible que tout s'arrange.

L'ETOILE.

Oui; mais vous m'aviez prédit que j'aurais des gages, et...

TÉLESCOP.

Es-tu sûr que je t'ai prédit cela?

L'ETOILE.

Oui, Monsieur.

TÉLESCOP.

D'ailleurs, tu serais bien plus avancé de les avoir touchés, demain tu seras défunt.

L'ETOILE.

Défunt!

TÉLESCOP.

Je te réponds de la chûte de la Comète sur ma tête.

L'ETOILE.

Oh! que c'est dûr de mourir comme ça à la fleur de son âge!

TÉLESCOP.

Air : *Vaudeville du Procès.*

Que t'importe qu'un peu plus tôt
Mons Pluton te donne audience.

L'Etoile.

J' conviens que je suis assez sot
Pour tenir à mon existence.
Et si j' connaissais ici bas,
Fut-ce en Turquie, en Barbarie,
Un pays où l'on n' mourut pas,
J'irais y finir ma vie.

TÉLESCOP.

Eh! mon pauvre l'Etoile, tu ne perds pas grand' chose. Qu'est-ce que tu faisais au monde?... des sottises.

L'ETOILE.

Je vous servais, Monsieur.

TÉLESCOP.

Tu n'avais pas le sou.

L'ETOILE.

J'étais votre domestique.

TÉLESCOP.

De par le monde, tu n'entendais que des bétises.

L'ETOILE.

Continuez, Monsieur, je vous écoute.

TÉLESCOP.

Quand tu aurais mené ce train de vie pendant quarante ans, tu aurais eu bien de la peine à te faire vingt mille livres de rentes.

L'ETOILE.

Eh! que sait-on, Monsieur?

TÉLESCOP.

Tu n'as pas assez de lumière.

L'ETOILE.

Eh! bien, Monsieur, puisque nous serons à l'ombre demain, vous ne devez guères tenir à l'argent aujourd'hui, avancez-moi l'année qui est échue, et payez-moi la courante.

TÉLESCOP.

Y penses-tu?

L'ETOILE.

Je veux faire une fin digne d'un homme comme vous.

SCÈNE VIII.

Les Précédens, Paysans.

NICOLAS.

Air : *Il était un p'tit bonhomme.*

Où donc est ce grand homme
Qui prédit tant d' chagrins
Aux humains?
Cet habile astronome,
Je crois que le voilà
Planté là!
Monsieur le savant,
Vous qu' êt's un bon vivant,
Ah! sans nous secourir
Nous lairez-vous (*bis*) mourir?

TÉLESCOP.

Eh! bien, mes amis, qu'est-ce que c'est?

NICOLAS.

Même air.

On dit que la Comète
Mettra c' soir l'univers
A l'envers.

TÉLESCOP.

Oui, la nature est prête
A faire son paquet.

NICOLAS.

Quel bouquet!
Monsieur le savant,
Vous qu' êt's un bon vivant,
Ah! sans nous secourir
Nous lairez-vous (*bis*) mourir.

TÉLESCOP.

Ma foi, mes amis, je ne peux rien de mieux pour votre service.

Air : *Ballet des Pierrots.*

Votre mort est sûre et m'attriste,
Les larmes m'en viennent aux yeux;
Mais d'puis six mille ans qu'il existe,
Le monde se fait un peu vieux.
Sa fin arrive, elle est notoire,
Je voudrais envain le cacher,
Et je dois d'autant mieux y croire
Que je n'ai rien pour l'empêcher.

NICOLAS.

Comment, mon bon M. Télescop, vous qu' êt's un si bon astrologue....

TÉLESCOP.

Moi, je suis un imbécille.

NICOLAS.

Je savons ben le contraire; vous êtes un brave homme.

L'ETOILE.

Un savant.

NICOLAS.

Est-ce qu'il ne serait pas possible de remettre cela à un autre jour?

TÉLESCOP.

Impossible.

L'ETOILE.

Avec de l'argent on arrange bien des choses.

TÉLESCOP.

Ça ne se peut pas. Mes amis, je vous souhaite une parfaite santé.

(*Il sort*).

SCÈNE IX.

L'ETOILE, les Paysans.

NICOLAS.

Mourir sans tant seulement avoir été malade!

LUCAS.

C'était ben la peine de réchapper des mains de M. Bouché, pour tomber dans celles de la Comète!

NICOLAS.

Air : *Vive le vin de Ramponneau.*

Quoi! se peut-il
Qu'un tel péril
A ce point nous menace?
Quel désespoir!
Pour nous ce soir
De nous revoir
Tous au manoir
Noir.

L'ETOILE.

Pourquoi pleurer,
S'effarer,
Murmurer,
Soupirer?
A quoi bon c'te grimace?
Morguen' s'il faut
Déloger aussi tôt,
J' suis
D'avis
Qu'on l' fasse
D' bonne grâce.
De suite au cabaret courons
Chacun prendre une place,
Nous y rirons,
Mang'rons,
Boirons,
Et s'il faut mourir, nous mourrons,
Ronds!

CHOEUR.

Air : *Nous n'avons qu'un temps à vivre.*

A la gaîté qu'on se livre,
Et moquons-nous du danger;
Lorsqu'on n'a qu'un jour à vivre,
C' n'est pas l' cas de l' ménager.

(*Ils sortent*).

SCÈNE X.

DENISE *seule. Elle arrive en pleurant.*

Air : *Quel désespoir.*

Quel desespoir,
Vient de s'emparer de mon ame!
Quel désespoir!
Eh! quoi, l'on va mourir ce soir!

Au moment où ma flamme
Allait r'cevoir son prix.
Eh! quoi, sans être femme,
Tous mes jours sont finis!

Quel désespoir, etc.

Il semblait que je présageais ce malheur-là, ce matin.

SCÈNE XI.

DENISE, PAUL.

DENISE.

Arrivez, Monsieur, arrivez... Oh! vous êtes bien aimable.

PAUL.

Qu'as-tu donc?

DENISE.

Vous avez laissé venir la fin du monde avant de m'épouser.

PAUL.

N'est-ce que cela?

DENISE.

Plaisantez, Monsieur, plaisantez; mais il n'en est pas moins vrai que M. Télescop nous a prédit...

PAUL.

Un mensonge.

DENISE.

Air *d'une heure de mariage.*

Cet astrologue précieux,
Plein d'une science profonde,
A lu l'avenir dans les Cieux,
Et nous annonc' la fin du monde.

PAUL.

Prenant un vol moins orgueilleux,
Je ne regarde que sur terre;
Et lorsque je lis dans tes yeux,
Tes yeux disent tout le contraire.

DENISE.

Mes yeux ont beau avoir la parole; s'ils parlent tout seuls, c'est comme s'ils ne disaient rien.

SCÈNE XII.

Les Mêmes. Troupe de jeunes filles et de jeunes garçons.

CHOEUR.

Air *des drapeaux.*

Y allons tous,
Bras d'ssus, bras d'ssous,
Trouver l' maire du village.
Y allons tous,
Bras d'ssus, bras d'ssous,
Et d'amans d'venous époux.

UNE PAYSANNE.

Y gnia que ce moyen-là
De bien conjurer l'orage;
Le monde ne finira
Que faute de mariage.
Le plus sage
A notre âge,
C'est d'aller bras d'ssus, etc.

DENISE.

Ah! mon Dieu oui, c'est le parti le plus sage.

UNE PAYSANNE.

Eh! bien, qu'est-ce que vous faites donc là, vous autres?

DENISE.

Ce que je fais; je parle, et Monsieur se tait.

UNE PAYSANNE.

Vous ne savez donc pas la grande nouvelle?

DENISE.

Tu vois bien que si, à mon air triste.

UNE PAYSANNE.

Eh! bien, et vous restez tranquilles?

DENISE.

C'est ce que je reproche à M. Paul.

PAUL.

Que faire?

UNE PAYSANNE.

Que faire? nous imiter. J'allons nous dévouer pour sauver le monde.

DENISE.

En ce cas, je me dévoue aussi.

PAUL.

Je voudrais bien me dévouer aussi, mais si ma tante...

DENISE.

Elle ne sera pas plus méchante que mon oncle.

UNE PAYSANNE.

Air : *Ça fait toujours plaisir.*

Viens avec nous, ma chère,
Il s'rait trop tard demain.
Sous les yeux de ma mère,
Viens former ton hymen.

S'il est vrai que l'on meure
A l'instant de s'unir,
Va, ne fut-on qu'une heure
Femme avant de mourir,
Ça fait (*bis*) toujours plaisir.

NICOLAS.

Allons, allons, pas de réflexions, et suivez-nous.

Air *d'Alexis*.

Pour échapper à ce fléau
Qui menace la terre,
Chacun à sa manière
Cherche un moyen dans son cerveau.
L'un se lamente,
L'autr' se tourmente;
Celui-ci chante
Un' prière touchante;
Ce n'est pas de ces façons-là,
Que le mond' se relèvera;
Pour empêcher qu'il n' finisse déja,
Le plus simple est de faire
Comme a fait notre père.
Faisons, amis, comme a fait notre père.

DENISE.

Ah! mon Dieu! voici mon oncle!

PAUL.

Ciel! il est avec ma tante.

CHOEUR.

Y allons tous, bras d'ssus, etc.

(*Ils sortent en dansant*).

SCÈNE XIII.

BOUCHÉ, Mme MARTIN.

M.me MARTIN.

Oui, mon voisin, si ce qu'on a dit est vrai, je ne veux pas emporter ma haine avec moi.

BOUCHÉ.

Mais, voisine, je crois que l'astrologue a voulu se moquer de nous.

M.me MARTIN.

Eh! mon Dieu, non; la fin du monde n'est que trop sûre. Je n'ai pas un voyageur là haut.

BOUCHÉ.

Et tous mes malades sont au plus bas.

M.me MARTIN.

Ainsi, pardonnez-moi mes petits momens de vivacité.

BOUCHÉ.

Oh! de tout mon cœur. Voisine, les premiers torts viennent de moi.

M.m MARTIN.

Je suis si vive.

BOUCHÉ.

Et moi, donc, je suis un petit salpêtre; un rien me met en colère.

Air *du partage de la richesse.*

Vivons en bonne intelligence.

M.me MARTIN.

Comme autrefois, soyons unis.

BOUCHÉ.

Je vous aimai dès mon enfance.

M.me MARTIN.

Nous sommes nés pour être amis.

BOUCHÉ.

Jadis, d'amant et de maîtresse
On nous avait qualifiés.

M.me MARTIN.

Vrai, si nous disputions sans cesse
On pourrait nous croir' mariés.

BOUCHÉ.

Eh! parbleu! qui nous empêcherait de réaliser ce projet?

M.me MARTIN.

En effet, je suis veuve.

BOUCHÉ.

Et moi, donc, ne suis-je pas veuf, aussi?

M.me MARTIN.

Ma maison est achalandée.

BOUCHÉ.

Les maladies donnent cette année.

M.me MARTIN.

Vos malades se mettraient en pension chez moi.

BOUCHÉ.

Tous les jours de nouvelles figures.

M.me MARTIN.

Si l'astrologue s'est moqué de nous...

BOUCHÉ.

Il aura fait notre bonheur sans le vouloir.

M.me MARTIN.

S'il a dit vrai?

BOUCHÉ.

Nous n'aurons pas le chagrin de nous pleurer l'un ou l'autre.

Air : *L'avez-vous vu mon bien aimé?*

Donnons, voisine, un démenti
Au malheur qui se trame.

M.me MARTIN.

Je vous accepte pour mari.

BOUCHÉ.

Je vous prends pour ma femme.

M.me MARTIN.

Chez moi grâtis je veux nourrir
Tous ceux que vous saurez guérir

ENSEMBLE.

Plus de courroux!
Embrassons-nous.
Quel bonheur est le nôtre!
Prêts à mourir, il est bien doux
De vivre l'un pour l'autre.

SCÈNE XIV.

Les Précédens, TÉLESCOP.

TÉLESCOP.

J'espère que le village est en combustion. Que vois-je? (*Il les voit s'embrasser*).

BOUCHÉ.

Ah! c'est M. Télescop!

M.me MARTIN.

Notre bon ami!

BOUCHÉ.

Notre réconciliateur?

TÉLESCOP.

Bah!

BOUCHÉ.

Approchez-vous donc, et venez recevoir nos remerciemens.

M.me MARTIN.

Sans vous, nous serions encore brouillés, mais vous nous avez raccommodés.

TÉLESCOP.

Moi? je ne m'en serais pas douté.

BOUCHÉ.

Vous sentez bien qu'on ne meurt pas avec sa rancune. La peur de la Comète a changé nos sentimens, et nous nous épousons.

TÉLESCOP.

Comment! c'est la peur de la Comète qui vous a fait changer d'avis!

BOUCHÉ.

Certainement, pour le peu de temps que nous avons à vivre.

TÉLESCOP.

Ah! vous vous flattez de mourir! Eh! bien, apprenez que...

SCÈNE XV.

Les Précédens, les jeunes filles et les jeunes garçons.

CHOEUR.

Air : *Ah! quel plaisir!*

Voilà nos femmes, nos maris.
Ce jour a rempli notre attente.
D'une flamme constante
L'Hymen est devenu le prix.

UN PAYSAN.

Air : *Au clair de la lune.*

J'épouse Nicette.

UNE PAYSANNE.

J'épouse Firmin.

UN PAYSAN.

J'épouse Lucette.

UNE PAYSANNE.

Moi, jépouse Alain.

PAUL.

L'Hymen nous rassemble,
Quel heureux destin!

DENISE.

Rendons tous ensemble
Grâces au voisin.

CHŒUR.

Air : *Ah! quel plaisir!*

Comme il a bien su travailler!
Notre bonheur est son ouvrage.
Grâce à lui dans c' village,
Il n'est plus d' fille à marier.

TÉLESCOP.

Qu'est-ce que vous dites : il n'y a plus de fille à marier?

NICOLAS.

Grâce à vous.

TÉLESCOP.

En voilà bien d'un autre! Comment! c'est moi qui suis la cause de tous ces mariages-là?

NICOLAS.

Oui; c'est vous qui faites notre bonheur.

TÉLESCOP.

Ça me rend bien gai.

NICOLAS.

Avant votre menace, les parens de celles que nous aimions nous refusaient; depuis que vous avez parlé de la Comète, ils ont été les premiers à nous les offrir.

TÉLESCOP.

Comment, c'est quand j'ai dit que la Comète allait tomber...

UN PAYSAN.

Sans doute.

TÉLESCOP.

Eh! bien, en ce cas, apprenez donc que...

SCÈNE XVI.

Les Mêmes, L'ETOILE avec trois Paysans. *Ils sont ivres.*

L'ETOILE.

Air : *Vive le vin.*

Vive le vin quand il est bon,
Sa vertu ranime un tendron
Et rend son abord moins sauvage.
Il donne aux hommes du courage
Pour braver gaîment le trépas.
Mort, tu peux v'nir quand tu voudras,
Je suis lesté pour le voyage.

TÉLESCOP.

Dieu me pardonne, c'est l'Etoile! O Ciel! je crois que ces gens-là sortent de mon appartement.

L'ETOILE.

Nous sortons de la cave.

TÉLESCOP.

Comment, de la cave?

L'ETOILE.

Tiens, est-ce qu'il n'est pas mort, l'astrologue?.. Il doit être mort... vous devez être mort.

TÉLESCOP.

Qu'est-ce à dire? je suis mort! coquin!

L'ETOILE.

Eh! bien, si vous n'êtes pas mort, faites le mort, car vot' cave et vot' garde-manger sont furieusement malades.

TÉLESCOP.

Comment, ma cave est malade?

L'ETOILE.

C' n'est pas ma faute, c'est vot' faute. Rappelez-vous de ce que vous avez dit : *la Comète mangera tout le monde.* Si ça arrive, elle nous trouvera joliment engraissés.

Air *de Marianne.*

En regagnant notre demeure
Vot' prédiction me revient,
Et je m' dis : puisqu'il faut qu'il meure,
Monsieur n'a plus besoin de rien.
A cet effet,
Par vot' buffet
J'ouvrons la marche, et ça fut bientôt fait.
Et puis en bas,
J' portons nos pas,
Vot' cav' pour nous eut vraiment des appas.
Je nous repassons à la ronde
Pomard, Nuits, Champagne et Bordeaux;
Et j'ons vu la fin d' vos tonneaux,
Sans voir la fin du monde.

TÉLESCOP.

Je suis volé, pillé, ruiné, assassiné!... Je vous ferai tous pendre.

L'ETOILE.

Doucement, moi j'attends la Comète.

TÉLESCOP.

Se trouver dans un pareil embarras pour une prédiction qui n'était pas vraie?

TOUS.

Comment, elle n'était pas vraie?

BOUCHÉ.

Quand je vous ai dit que c'était un tour.

DENISE.

Ah! mon Dieu! que vous m'avez fait peur, avec votre fin du monde?

L'ETOILE.

Mon cher maître, vraiment, je suis fâché d'avoir été si vîte.

TÉLESCOP.

Va t'en au Diable!

BOUCHÉ.

Allons, allons, ne vous fâchez pas. Je me marie, et je vous invite à mes noces.

PAUL.

Et moi, aux miennes, si ma tante veut bien y consentir?

DENISE.

Allons, M. Télescop, oubliez tout cela. Pour vous égayer, nous ferons la noce chez vous.

L'ETOILE.

Chez lui? pas possible. Il n'y reste pas de quoi nourrir un perroquet.

TÉLESCOP.

Comment! vous n'avez laissé ni pain ni vin? me voilà joli garçon! Vous verrez que je serai obligé de mourir tout seul.

BOUCHÉ.

Nous ne souffrirons pas cela.

PAUL *et les Paysans.*

Vous nous avez mariés.

M.me MARTIN.

Réconciliés.

L'ETOILE.

Gobergés.

TÉLESCOP.

Ce qui est fort honnête de ma part.

BOUCHÉ.

Vous resterez ici tant que vous voudrez.

M.me MARTIN.

Nous vous logerons.

LES PAYSANS.

Nous vous nourrirons.

BOUCHÉ.

Je vous soignerai.

TÉLESCOP.

Je ne vous abandonnerai jamais.

PAUL.

Ah! voilà ce qui s'appelle parler.

TÉLESCOP.

Il est bien juste qu'un astrologue suive le mouvement des astres, et se rapproche de ceux dont il s'était éloigné un instant.

NICOLAS.

Bah! est-ce que les astres se rapprochent quelquefois?

TÉLESCOP.

Certainement.

Air : *Lis' épous' l' beau Gernance.*

Jadis, malgré la distance,
Mars, par sa noble influence,
Du Midi, fixait le sort,
Quand Vénus brillait au Nord.

Pour réparer nos désastres,
Vénus de Mars s'approcha,
Et maintenant ces deux astres
N' connaiss't plus ces distanc's là.

BOUCHÉ.

En ce cas, amusons-nous bien avant que de mourir, puisque, grâce aux Comètes et aux médecins, il faut en finir par là.

VAUDEVILLE.

Air : *Vaudeville de Haine aux Femmes.*

BOUCHÉ.

Seul médecin de cet endroit,
Par mon obligeance, je brille;
Et l'on sait dans chaque famille
Tous les services qu'on me doit.
Combien de gens que ma science
Du trépas a sauvés déja.
Dès que mon traitement commence,
On est sûr d'en finir par là.

L'ETOILE.

Lorsqu'il fut reçu procureur,
Paul se promit d'être honnête homme;
Mais un beau jour, certaine somme
Vint fair' chavirer son honneur.
Cela ne saurait nous surprendre;
A coup sûr, dans ce métier-là,
Il fit bien d' commencer par prendre,
Puisqu'il faut en finir par là.

DENISE *au Public.*

Aux périls, pour nous dérober,
Notre incertitude est complète.
Nous craignons tout de la Comète,
Car vous pouvez la fair' tomber.
Mais chez nous, si votre indulgence
Veut nous sauver de c' malheur-là,
Applaudissez lorsqu'on commence,
Et finissez toujours par là.

FIN.

www.ingramcontent.com/pod-product-compliance
Lightning Source LLC
LaVergne TN
LVHW020251230826
846091LV00006B/2357
9782329409023